El Poder del Método 369

Desbloquea el Código Cósmico y Crea la Vida que Deseas con la Ley de Atracción

Sarah Ripley

El Poder del Método 369

Otros títulos de
Sarah Ripley

The Shadow Work Journal: A Guide for Exploring your Hidden Self

101 Questions to ask Before you say "I Do"

The Lucky Girl Journal: A Guided Workbook for Manifesting your Dreams

Questions For Couples: 365 Questions to guide you to Stronger Communication, Trust and Intimacy

365 Daily AffirmationsFor Women: A Year fo Daily Affirmations to bring Peace, Joy and Happiness to your Life.

The Self-Love Workbook for Women: 90 Days to a More Loving and Accepting Relationship with Yourself

The Angel Numbers Book: Unlocking the Meaning and Divine Messages of Number Sequences

Contenido Bono Exclusivo para Amplificar tu Poder de Manifestación

¡Escanea el código QR para recibir GRATIS tu Diario de Manifestación de 33 Días y tu Tablero de Visión!

Tabla de Contenidos

La Sinfonía de la Manifestación: Por qué 3, 6 y 9 sostienen la Clave del Universo

Nikola Tesla, inventor visionario, pronunció una frase críptica: "Si supieras la magnificencia del 3, 6 y 9, tendrías la clave del universo". Estos números enigmáticos, parte de su práctica de manifestación 3-6-9, han despertado curiosidad y debate durante décadas. ¿Qué significa su importancia?

Imagina el 3 como un puente, uniendo tu conciencia con la energía del cosmos. En muchas culturas, simboliza finalización, creación y la trinidad divina. Para Tesla, era el vínculo directo a la "Fuente", la fuerza universal que gobierna todo. Enfocarte en el 3 te abre a este poder, preparando el camino para la manifestación.

Piensa en el 6 como una bóveda oculta, desbloqueando tu potencial. En numerología, se asocia al equilibrio, la armonía y la responsabilidad. Para Tesla, significaba la fortaleza interna de cada individuo. Repetir el 6 te conecta con esta reserva de resiliencia, coraje y determinación, permitiéndote superar obstáculos y limitaciones.

"Si solo conocieras la magnificencia del 3, 6 y 9, entonces tendrías la clave del universo."

- Nikola Tesla

Visualiza el 9 como un fénix renaciendo, representando la transformación y renovación. Simboliza finalización, compasión y soltar. Para Tesla, significaba liberar el lastre del pasado, como dudas, negatividad y creencias limitantes. Enfocarte en el 9 limpia el desorden emocional que impide tu progreso, permitiendo un nuevo ciclo de posibilidades y la manifestación de tus deseos.

El poder del Método 369 no solo radica en los números, sino en su armonía. Repetir afirmaciones crea una resonancia rítmica, sintonizando tu mente con la frecuencia del universo. Es como tocar una melodía cósmica, atrayendo tus deseos a través de la intención enfocada y la fe inquebrantable.

Recuerda, la verdadera clave para desbloquear el universo no está solo en entender los números, sino en encarnar su esencia. Abraza la conexión con la Fuente, aprovecha tu fuerza interior y libera cualquier negatividad que te frene. Con dedicación y práctica, el Método 369 puede ser una herramienta poderosa para moldear tu realidad y manifestar tus deseos más profundos.

La Trinidad de Tesla: Revelando el Código Cósmico de 3, 6 y 9

Nikola Tesla, nombre ligado al ingenio electrizante y a inventos que cambiaron el mundo, poseía una faceta menos conocida. Su mente se adentraba en el enigmático reino de los números y su conexión con el universo. Más allá del zumbido de los generadores y el crepitar de los rayos, le fascinaba el trío 3, 6 y 9, creyendo que eran los pilares de la existencia.

Tesla creía que tras el velo de nuestra realidad 3D existía un plano superior. Este reino, vibrado por susurros del desconocido, guardaba la clave del todo. Era una sinfonía de números, y 3, 6 y 9 eran los acordes maestros, resonando con potente energía.

No eran meros números para Tesla. Eran potentes llaves abriendo la estructura de la materia, el flujo de energía y el lenguaje de la frecuencia. Su teoría del 369 se basaba en reducir cualquier número a su esencia sumando sus dígitos individuales. Por ejemplo, 369 reduce a 9 (3+6+9=18, 1+8=9). Para Tesla, estos tres reinaban, sosteniendo el lenguaje secreto a través del cual se comprendían e interpretaban todos los demás números.

Lo cautivador es su conexión con la esencia de la existencia: energía y frecuencia. Creía que 3, 6 y 9 eran los únicos que podían existir como pura energía, reteniendo su identidad incluso en el reino subatómico. Esto resuena con la física moderna, donde estos números juegan un papel crucial en la danza de partículas y las fuerzas invisibles que gobiernan el universo.

Su fascinación no se limitaba al laboratorio. Veía ecos de su código 3-6-9 en antiguas filosofías, como el sagrado 108 del hinduismo y budismo, que también se destila a 9 en su sistema. Esto sugiere una verdad más profunda, un lenguaje universal tejido en la conciencia humana a través del tiempo y las culturas.

El 3, 6 y 9 de Tesla no eran solo números; eran un código cósmico, un lenguaje oculto susurrando los secretos del universo. Al comprenderlos, al resonar con sus frecuencias, desbloqueamos el potencial de moldear nuestra realidad, de bailar con las fuerzas invisibles que gobiernan la existencia.

Piensa en el simple acto de duplicar números llamado "Patrón Vortex". Comienza con 1, doblándolo se convierte en 2, luego 2 a 4, luego 4 a 8 a 16... Esta secuencia aparentemente mundana se despliega como un circuito cerrado, nunca rozando la presencia de 3, 6 o 9. Es como si estos números existieran en un ritmo diferente, una dimensión diferente. El concepto de "campo de flujo" del científico Marko Rodin captura bellamente esta idea, sugiriendo que 3, 6 y 9 representan un puente, un vector del reino tridimensional familiar en el que vivimos a un territorio desconocido.

La importancia del tres también se agita a lo largo de la historia humana, un eco cósmico resonando en la sabiduría antigua y la ciencia moderna. El humilde triángulo, con sus tres lados, forma la base de las pirámides, monumentos que se elevan hacia el cielo. Las trinidades, tríos sagrados que significan equilibrio y completitud, aparecen en innumerables culturas, desde el "Padre, Hijo y Espíritu Santo" del cristianismo hasta las tres joyas del hinduismo.

Incluso Tesla, el maestro de la electricidad y el magnetismo, encontró consuelo en la trinidad de "energía, frecuencia y vibración". Una vez dijo: "Si quieres encontrar los secretos del universo, piensa en términos de energía, frecuencia y vibración". Creía que estas tres fuerzas fundamentales eran la clave para desbloquear los secretos ocultos del universo, los engranajes invisibles que giran el vasto reloj cósmico.

Quizás la exclusión de 3, 6 y 9 en la secuencia de duplicación simple no sea un vacío, sino una invitación. Nos anima a mirar más allá de los confines de nuestra dimensión familiar, a buscar los patrones ocultos tejidos en la tela de la realidad. ¿Podrían estos números enigmáticos actuar como peldaños, guiándonos hacia el escurridizo "campo de flujo", un camino hacia un universo velado de nuestra percepción cotidiana?

"Si quieres encontrar los secretos del universo, piensa en términos de energía, frecuencia y vibración."

- Nikola Tesla

Esto no es solo una teoría; es un llamado a la acción. Experimenta con los números 3, 6 y 9. Siente sus vibraciones en tu mente, sus ecos en tu alma. Deja que sean tu guía, tu llave para desbloquear el potencial oculto del universo. Recuerda, los mayores descubrimientos a menudo no se encuentran en los grandes pronunciamientos, sino en los sus

La Ley de Atracción: Del Pensamiento a la Manifestación

Tesla creía en el poder de la mente. Hablaba a menudo de su vasto potencial y su capacidad de influir en el mundo físico. Su famosa frase, "El futuro pertenece a quienes creen en la belleza de sus sueños," refleja esta convicción. Esta creencia en el poder de la mente concuerda con el principio central de la Ley de Atracción: nuestros pensamientos y creencias dan forma a nuestra realidad.

La Ley de Atracción es una filosofía que afirma que nuestros pensamientos tienen un impacto directo en nuestras experiencias. En pocas palabras, aquello en lo que nos enfocamos se expande en nuestras vidas. Esta idea no es solo ilusión; se basa en la creencia de que nuestros pensamientos portan una energía específica. Al cultivar pensamientos y emociones positivas, proyectamos esa energía hacia afuera, atrayendo experiencias que resuenan en la misma frecuencia. A la inversa, los pensamientos negativos emiten una energía diferente, potencialmente atrayendo circunstancias indeseables.

La Ley de Atracción se describe a menudo a través de tres principios centrales:

"El futuro pertenece a quienes creen en la belleza de sus sueños."

- Nikola Tesla

1. Lo semejante atrae lo semejante: Este principio sugiere que las cosas similares se atraen entre sí. Se aplica no solo a las relaciones, sino también a los resultados que atraemos. Enfocarnos en la positividad, el optimismo y la gratitud nos ayuda a atraer experiencias que reflejan esos estados. Por el contrario, aferrarse a la negatividad o el miedo puede manifestar resultados indeseables.

2. Llenando el vacío: La idea detrás de este principio es que nuestras mentes y vidas resisten naturalmente el vacío. Cuando eliminamos la negatividad, creamos espacio para que algo más lo llene. Los defensores de esta filosofía alientan a cultivar activamente pensamientos y emociones positivas para asegurar que lo que llena ese espacio se alinea con nuestras experiencias deseadas.

3. El poder del presente: Este principio enfatiza la importancia de enfocarse en el momento presente. Si bien pueden surgir desafíos y desilusiones, la Ley de Atracción sugiere que dentro de cada dificultad hay una oportunidad. Al cambiar nuestro enfoque hacia encontrar soluciones, expresar gratitud por lo que tenemos y disfrutar activamente del presente, nos abrimos a posibilidades positivas que podrían haber sido oscurecidas por la negatividad.

Recuerda, la Ley de Atracción no es una fórmula mágica ni una garantía de éxito instantáneo. Es una herramienta para vivir conscientemente, que nos anima a responsabilizarnos de nuestros pensamientos y cómo dan forma a nuestras experiencias. Al cultivar activamente pensamientos positivos y alinear nuestra energía con nuestros deseos, podemos aumentar la probabilidad de atraer experiencias que reflejen nuestras aspiraciones más elevadas.

La Ley de Vibración: Comprendiendo los Movimientos del Universo

Nikola Tesla imaginaba el universo como una sinfonía de frecuencias y vibraciones. Creía que dentro de esta sinfonía residía el poder de esculpir la propia realidad. Cada pensamiento, cada objeto, zumbaba con su propia melodía única, y al alinearse con la melodía correcta, uno podía manifestar sus deseos. "Todo es vibración", declaró Tesla una vez, haciendo eco de la esencia misma de su perspectiva transformadora.

La Ley de Vibración propone que todo en el universo, desde las partículas subatómicas hasta la vasta extensión de las galaxias, existe en un estado de movimiento e intercambio de energía constante. Este movimiento, a menudo denominado vibración, adopta la forma de oscilaciones a frecuencias específicas. La velocidad a la que algo vibra, su frecuencia, es su huella digital única en el tapiz energético del universo.

Esta vibrante sinfonía abarca todo lo que percibimos. Una pared de ladrillos aparentemente sólida, por ejemplo, no es realmente estática; sus átomos y moléculas están en constante movimiento, aunque lento. En contraste, nuestros cuerpos zumban con una vibrancia mucho más alta, una compleja orquesta de células y energía que palpita a ritmos significativamente más rápidos.

"Todo es vibración."

- Nikola Tesla

La Ley de Vibración no se limita al reino físico. Nuestros pensamientos también son formas de energía, cada uno resonando a una frecuencia distinta influenciada por su naturaleza. Un pensamiento alegre, un estallido de pura emoción, vibra a una frecuencia mucho más alta que el zumbido lento de la ira o el miedo. Estas vibraciones mentales ondulan a través de nuestro paisaje interno, impactando nuestro estado emocional y potencialmente incluso influyendo en el mundo que nos rodea.

Aquí es donde la Ley de Vibración realmente nos empodera. Nosotros, como directores de nuestra propia orquesta interna, tenemos la capacidad de elegir la frecuencia que transmitimos. Al dirigir conscientemente nuestros pensamientos y cultivar emociones positivas, podemos elevar nuestra vibración interna, alineándonos con estados de alegría, gratitud y abundancia. Por el contrario, morar en la negatividad puede disminuir nuestra frecuencia, potencialmente atrayendo experiencias que resuenen con esa disarmonía.

La Ley de Vibración sugiere que atraemos lo que emanamos. Al igual que los diapasones, los objetos y las experiencias resuenan con frecuencias similares a las suyas. Cuando irradiamos una alta frecuencia de positividad, nos abrimos a oportunidades y circunstancias que reflejan esa vibrancia. Por el contrario, cuando transmitimos negatividad, podríamos atraer experiencias que reflejen esa energía discordante.

La Ley de Vibración sirve como el principio fundamental detrás de la Ley de Atracción. Esto significa que nuestros pensamientos y emociones, cada uno vibrando a su propia frecuencia única, se combinan para crear nuestra firma energética general. Esta firma luego actúa como un imán, atrayendo experiencias y circunstancias que resuenan a la misma frecuencia.

Si bien es cierto que nuestros pensamientos influyen en nuestra realidad, es más preciso decir que es nuestro estado vibratorio general, formado por la combinación de pensamientos y emociones, lo que determina lo que atraemos a nuestras vidas. Centrarse únicamente en pensamientos positivos puede no ser suficiente si nuestro estado emocional los contradice. Por lo tanto, cultivar un paisaje emocional positivo junto con el pensamiento positivo se vuelve crucial para manifestar los resultados deseados.

Geometría Sagrada y la Secuencia de Fibonacci

La geometría sagrada es una fascinante intersección de matemáticas, naturaleza y espiritualidad que explora los bloques fundamentales del universo y su conexión con lo trascendente. Implica estudiar formas, patrones y proporciones específicas que se cree que poseen profundo significado e importancia en diversas culturas y religiones.

La conexión entre la geometría sagrada y la naturaleza es fascinante y antigua, remontándose a civilizaciones tempranas que veían patrones matemáticos y formas geométricas como reflejos del orden subyacente del universo.

Formas específicas como círculos, espirales, esferas, triángulos y hexágonos aparecen repetidamente en estructuras naturales, desde copos de nieve y telas de araña hasta pétalos de flores y células animales. Estas formas representan eficiencia, estabilidad y crecimiento, reflejando los principios considerados sagrados en muchas tradiciones geométricas.

La geometría sagrada enfatiza proporciones específicas como la proporción áurea y la secuencia de Fibonacci, que se encuentran a menudo en la naturaleza y se consideran estéticamente agradables. Se cree que estas proporciones crean armonía, equilibrio y orden, reflejando la estructura subyacente del universo.

La secuencia de Fibonacci es una famosa serie de números donde cada número es la suma de los dos anteriores. Comienza así: 0, 1, 1, 2, 3, 5, 8, 13, 21, 34, y así sucesivamente. Lo que hace a esta secuencia tan fascinante es su inesperada conexión con la naturaleza y el universo.

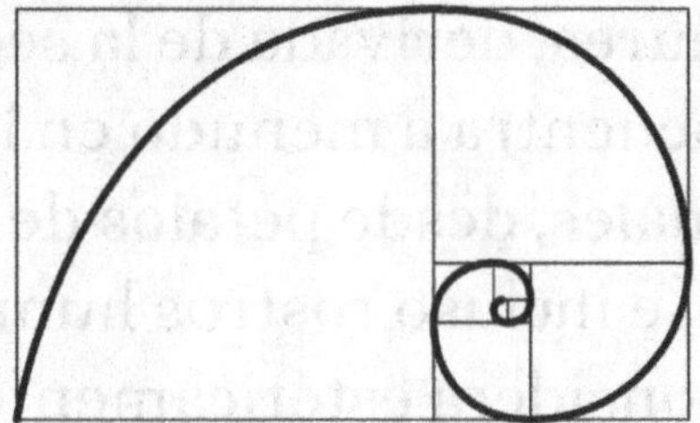

La secuencia de Fibonacci aparece en innumerables patrones en espiral en la naturaleza, desde la concha de nautilus y la cabeza de la semilla de girasol hasta la disposición de las hojas en un tallo. Estas espirales a menudo se ven como símbolos de crecimiento y evolución, reflejando la naturaleza de repetición de la secuencia. Los brazos de muchas galaxias espirales, como nuestra propia Vía Láctea, siguen una espiral logarítmica, reflejando la secuencia de Fibonacci en su crecimiento y estructura. Este patrón podría estar relacionado con fuerzas gravitacionales eficientes dentro de la galaxia.

Los árboles, los pulmones y otras estructuras ramificadas a menudo siguen la secuencia de Fibonacci, con cada rama dividiéndose en dos ramas más pequeñas, luego en cuatro, luego en ocho, y así sucesivamente. Este patrón de ramificación eficiente maximiza la superficie para capturar la luz solar o los nutrientes.

La proporción áurea, derivada de la secuencia de Fibonacci, se encuentra a menudo en las proporciones de plantas, animales, desde pétalos de flores hasta alas de insectos, e incluso rostros humanos. Esta proporción se considera estéticamente agradable y se usa a menudo en el arte y el diseño.

La secuencia de Fibonacci, la proporción áurea y la geometría sagrada representan principios fundamentales de eficiencia y optimización observados en sistemas naturales. Esto sugiere que estos patrones matemáticos están de alguna manera "integrados" en el universo, influyendo en todo, desde el crecimiento de una planta hasta la estructura de una galaxia. Estas secuencias numéricas son una conexión fascinante entre las matemáticas, la naturaleza y el cosmos y nos recuerdan que todo en el universo está conectado.

Manifestación: El Poder de Traer tus Deseos a la Realidad

Manifestar es la idea de que puedes atraer tus deseos a tu vida a través de pensamientos e intenciones enfocados. En esencia, se trata de alinear tus pensamientos, emociones y acciones con tus anhelos. Se trata de creer que puedes crear tu propia realidad y tomar pasos deliberados para lograrlo. No significa simplemente desear algo y esperar que aparezca mágicamente. Requiere esfuerzo, concentración y una voluntad de exponerse.

Cuanto más claras sean tus metas, más fácil será manifestarlas. Dedica tiempo a visualizarlas, escríbelas y crea un tablero de visión para mantenerlas presentes.

Tus pensamientos tienen poder. Cultiva una mentalidad positiva concentrándote en lo que quieres lograr, en lugar de lo que temes. Practica la gratitud por lo que ya tienes y visualízate triunfando.

Debes creer realmente que puedes alcanzar tus deseos. Esta fe inquebrantable es el combustible que impulsa la manifestación. Cuando la duda se acerque, recuerda tus razones para querer algo y por qué lo mereces.

Manifestar no es pasivo. Requiere tomar acciones inspiradas hacia tus objetivos. Esto podría implicar hacer contactos, desarrollar nuevas habilidades o exponerte de formas nuevas. Recuerda, el universo te sigue a mitad de camino, pero tú debes dar el primer paso.

No olvides agradecer las pequeñas victorias en el camino. Esto no solo te mantiene motivado sino que también refuerza la energía positiva que estás enviando al universo.

Las afirmaciones también son una herramienta poderosa para manifestar tus deseos. Funcionan plantando semillas positivas en tu mente subconsciente, que eventualmente pueden florecer en la realidad. Las afirmaciones son frases positivas repetidas para reprogramar tu mente subconsciente. Al expresar constantemente lo que deseas como si ya fuera cierto, creas un nuevo sistema de creencias que puede influir en tus pensamientos, emociones y, en última instancia, en tus acciones.

Recuerda, manifestar es un viaje, no un destino. Habrá altibajos en el camino. No te desanimes si tus deseos no se materializan de la noche a la mañana. Mantente positivo, persistente y sigue tomando acción. A medida que continúes practicando, descubrirás que tu habilidad para manifestar tus deseos se fortalece.

"El universo conspira con quienes se atreven a manifestar sus deseos."

- Paulo Coelho

Cómo usar el Método 369:

El Método 369 utiliza el poder de las afirmaciones repetidas a lo largo del día y las Acciones Alineadas para crear la vida que deseas. Al alimentar tu subconsciente con una fe inquebrantable, puedes manifestar cualquier cosa que anheles del Universo.

Imagina tu mente como un jardín fértil. Cada pensamiento que plantas echa raíces, creciendo hasta convertirse en realidad. El Método 369 es una poderosa herramienta para cultivar las semillas de tus deseos. No se trata de ilusiones; se trata de aprovechar el poder de tu mente subconsciente, la fuerza oculta detrás de tus creencias y acciones.

Así funciona:

- Planta tus semillas: Elige un deseo específico, algo que realmente anheles. Puede ser cualquier cosa, desde una nueva carrera hasta una relación más saludable, un avance creativo o simplemente más alegría en tu vida. Define claramente lo que quieres manifestar, ya sea un objetivo específico, un sentimiento o una situación. Cuanto más específico seas, más enfocada estará tu energía.

- Riégalas con afirmaciones: A lo largo del día, en tres momentos específicos (mañana, mediodía y noche), escribe tu afirmación. Tres veces por la mañana, seis veces por la tarde y nueve veces por la noche. Escribe una declaración positiva y concisa que refleje tu deseo como si ya se hubiera manifestado. Usa el tiempo presente y evita las frases negativas. En lugar de decir "Quiero estar sano", di "Estoy sano y lleno de energía". Esta repetición en tiempo presente ayuda a tu mente subconsciente a aceptar esta nueva realidad como verdadera.

- Cuídalas con fe inquebrantable: Antes de comenzar el método, respira profundamente y establece tu intención de manifestar tu deseo. Esto aclara tu propósito y fortalece tu enfoque. Simplemente repetir las afirmaciones no es suficiente. También debes cultivar una fe genuina en tu capacidad de manifestar tu deseo. Visualízate ya disfrutando de lo que anhelas, siente las emociones que vienen con ello y suelta cualquier duda o miedo.

- Piensa en las afirmaciones como luz solar y en tu fe como agua. Con cuidado constante, las semillas de tu deseo brotarán, creciendo más fuertes y vibrantes con cada día que pasa. Mientras escribes tus afirmaciones, visualízate ya logrando tu deseo y concéntrate en los sentimientos que te traería. Esta conexión emocional amplifica el poder de tus palabras. A medida que tu mente subconsciente se alinea con tu deseo consciente, el Universo comienza a conspirar a tu favor, abriendo puertas y alineando oportunidades para ayudarte a lograr tu objetivo.

La repetición de tus afirmaciones:

- Mañana: Tan pronto como despiertes, escribe tu afirmación elegida tres veces. Hazlo temprano antes de distraerte con las actividades del día.

- Medio día: Elige un momento específico por la tarde, idealmente alrededor del mediodía, para escribir tu afirmación seis veces. La consistencia en el timing ayuda a construir impulso y enfoque.

- Noche: Antes de acostarte, escribe tu afirmación nueve veces. Esto te permite terminar el día con una nota positiva y plantar las semillas de tu deseo en tu mente subconsciente.

Repite este proceso durante 33 días. La consistencia es crucial para reprogramar tu mente subconsciente y generar impulso hacia tu manifestación. No te saltes días ni dejes que la duda se infiltre.

Recuerda, el método 369 es una herramienta para alinear tus pensamientos e intenciones. No reemplaza la acción en el mundo real. Busca oportunidades para alinear tus acciones con tu deseo y da pasos inspirados para hacerlo realidad. Las Acciones Alineadas en el método 369 se refieren a los pasos que das en el mundo físico que son compatibles y apoyan tu manifestación deseada. Estas acciones no siempre son pasos directos hacia tu meta, pero ayudan a crear las circunstancias y el flujo de energía necesarios para atraerla.

Las Acciones Alineadas deben resonar con tu afirmación y reflejar el tipo de persona que quieres ser para lograr tu objetivo. Por ejemplo, si tu afirmación es "Soy un líder seguro y exitoso", las acciones alineadas podrían ser asistir a talleres de liderazgo, establecer contactos con profesionales en tu campo o practicar la comunicación asertiva.

Estas acciones te colocan en el espacio adecuado para recibir lo que deseas. Pueden involucrar unirte a comunidades relevantes, exponerte o buscar activamente información y recursos que puedan acercarte a tu objetivo.

¡No lo pienses demasiado! Las acciones alineadas pueden ser pequeñas y simples. Dar un paseo por la naturaleza, leer un libro inspirador o simplemente expresar gratitud por tu progreso ya son formas poderosas de acción alineada. Enfócate en sentirte bien y en tomar pasos que resuenen con tu realidad deseada. Confía en que el universo responderá a tu energía y te guiará hacia lo que estás manifestando.

Recuerda, las acciones alineadas no se tratan de forzar resultados o controlar el universo. Se trata de participar activamente en tu propio viaje de manifestación, alineando tus pensamientos y acciones con tu realidad deseada y confiando en que el universo te apoyará en tu camino.

Este ritual de 33 días no es solo un ejercicio de garabatos; es una conversación con el universo y una alineación de tus acciones para crear la vida que deseas. Cada repetición amplifica el magnetismo de tus metas, como diapasones que vibran en la misma frecuencia. Al involucrarte activamente con tus sueños, estás programando tu mente subconsciente para aceptarlos como realidad, disolviendo tus creencias negativas y pavimentando el camino para la manifestación de tus sueños.

Recuerda, el método 369 es un viaje, no un destino. Se trata de plantar las semillas de la intención y nutrirlas con una fe inquebrantable. La manifestación requiere tiempo y esfuerzo. Confía en el proceso y agradece las pequeñas victorias y los cambios positivos en el camino. Enfócate en disfrutar del viaje y sentirte bien con tu progreso.

Así que toma tu bolígrafo, respira profundamente y deja que el ritmo de tus deseos guíe tus pasos. Observa cómo tus sueños, infundidos con intención y creencia, se transforman en realidades vibrantes.

Cómo usar el Diario

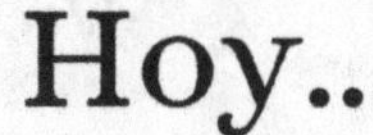

Fecha *4 de junio*

Hoy...

Me siento:

¡Estoy muy emocionado por mi futuro!

Motivada

Lograré:

Marcando las tareas de mi lista de pendientes del día.

Voy a darme un paseo hoy.

¡He cumplido con el plazo!

Espero con entusiasmo:

¡Momento "disfrute yo" post-trabajo!

Voy a presentar mi ponencia en la reunión de hoy.

Voy a preparar una nueva receta saludable para la cena.

Agradezco:

Mis compis incondicionales

la ciudad chula donde vivo

un curro que me flipa

MANIFIESTA TU DESEO

Fecha _4 de junio_

Quiero Manifestar:

¡He recibido un ascenso importante en el trabajo!

VISUALIZA TU ÉXITO

¿Cómo puedo Visualizar esto?

tengo una oficina grande

tengo mas confianza en mi mismo

Respeto de mis compañeras

Seguridad financiera

Acciones Alineadas que Tomaré hoy:

Ser más eficiente en el trabajo

Hoy salgo a caminar durante el almuerzo para aclarar mis pensamientos.

Red con mis compañeras(feminine)

Search for t

ACCIONES ALINEADAS

AFIRMACIONES

3 Morning Affirmations

Recibí el ascenso que merezco.

Recibí el ascenso que merezco.

Recibí el ascenso que merezco.

6 Afternoon Affirmations

Recibí el ascenso que merezco.

Recibí el ascenso que merezco.

Recibí el ascenso que merezco.

Recibí el ascenso que merezco.

Recibí el ascenso que merezco.

Recibí el ascenso que merezco.

9 Evening Affirmations

Recibí el ascenso que merezco.

Recibí el ascenso que merezco.

Recibí el ascenso que merezco.

Recibí el ascenso que merezco.

Recibí el ascenso que merezco.

Recibí el ascenso que merezco.

Recibí el ascenso que merezco.

Recibí el ascenso que merezco.

Recibí el ascenso que merezco.

Mi cuerpo es el hogar de mi alma, y lo trato con respeto y cariño.

Hoy...

Me siento:

____

____

____

Lograré:

____

____

____

Espero con entusiasmo:

____

____

____

Agradezco:

____

____

____

Fecha ______

Quiero Manifestar:

____

¿Cómo puedo Visualizar esto?

____

____

____

____

Acciones Alineadas que Tomaré hoy:

____

____

____

____

____

3 Afirmaciones Matutinas

____

____

____

6 Afirmaciones Vespertinas

____

____

____

____

9 Afirmaciones Nocturnas

____

____

____

____

____

____

____

____

Agradezco infinitamente el amor y el apoyo de mis seres queridos.

Hoy...

Me siento:

Lograré:

Espero con entusiasmo:

Agradezco:

Quiero Manifestar:

____

¿Cómo puedo Visualizar esto?

____

____

____

____

Acciones Alineadas que Tomaré hoy:

____

____

____

____

____

3 Afirmaciones Matutinas

---

6 Afirmaciones Vespertinas

---

9 Afirmaciones Nocturnas

Soy un imán infinito para la abundancia y la prosperidad.

Hoy...

Me siento:

____

____

____

Lograré:

____

____

____

Espero con entusiasmo:

____

____

____

Agradezco:

____

____

____

Fecha _______

Quiero Manifestar:

____

¿Cómo puedo Visualizar esto?

____

____

____

____

Acciones Alineadas que Tomaré hoy:

____

____

____

____

3 Afirmaciones Matutinas

____

____

____

6 Afirmaciones Vespertinas

____

____

____

____

____

____

9 Afirmaciones Nocturnas

____

____

____

____

____

____

____

____

____

Mi única competencia soy yo misma del pasado.

Hoy...

Me siento:

____

____

____

Lograré:

____

____

____

Espero con entusiasmo:

____

____

____

Agradezco:

____

____

____

Quiero Manifestar:

¿Cómo puedo Visualizar esto?

Acciones Alineadas que Tomaré hoy:

3 Afirmaciones Matutinas

____

____

____

6 Afirmaciones Vespertinas

____

____

____

____

9 Afirmaciones Nocturnas

____

____

____

____

____

____

En constante aprendizaje y transformación, ansío descubrir en quién me he de convertir.

Hoy...

Me siento:

Lograré:

Espero con entusiasmo:

Agradezco:

Quiero Manifestar:

¿Cómo puedo Visualizar esto?

Acciones Alineadas que Tomaré hoy:

3 Afirmaciones Matutinas

6 Afirmaciones Vespertinas

9 Afirmaciones Nocturnas

Mi seguridad brilla, impregnando cada paso que doy.

Hoy...

Me siento:

____

____

____

Lograré:

____

____

____

Espero con entusiasmo:

____

____

____

Agradezco:

____

____

____

Quiero Manifestar:

¿Cómo puedo Visualizar esto?

Acciones Alineadas que Tomaré hoy:

3 Afirmaciones Matutinas

6 Afirmaciones Vespertinas

9 Afirmaciones Nocturnas

Abrazo la abundancia en todas sus formas, terrenales y celestiales.

Hoy...

Me siento:

Lograré:

Espero con entusiasmo:

Agradezco:

Quiero Manifestar:

¿Cómo puedo Visualizar esto?

Acciones Alineadas que Tomaré hoy:

3 Afirmaciones Matutinas

6 Afirmaciones Vespertinas

9 Afirmaciones Nocturnas

Exhalo tensión y negatividad, inhalo paz y alegría.

Fecha ____

Hoy...

Me siento:

____

____

Lograré:

____

____

Espero con entusiasmo:

____

____

Agradezco:

____

____

Quiero Manifestar:

____

¿Cómo puedo Visualizar esto?

____

____

____

____

Acciones Alineadas que Tomaré hoy:

____

____

____

____

3 Afirmaciones Matutinas

6 Afirmaciones Vespertinas

9 Afirmaciones Nocturnas

Suelto mi voz única, sin filtros, sin temor.

Hoy...

Me siento:

Lograré:

Espero con entusiasmo:

Agradezco:

Quiero Manifestar:

____

¿Cómo puedo Visualizar esto?

____

____

____

____

Acciones Alineadas que Tomaré hoy:

____

____

____

____

____

3 Afirmaciones Matutinas

6 Afirmaciones Vespertinas

9 Afirmaciones Nocturnas

Mi círculo se llena de vínculos sanos y cómplices.

Hoy...

Me siento:

____

____

____

Lograré:

____

____

____

Espero con entusiasmo:

____

____

____

Agradezco:

____

____

____

Quiero Manifestar:

____

¿Cómo puedo Visualizar esto?

____

____

____

____

Acciones Alineadas que Tomaré hoy:

____

____

____

____

3 Afirmaciones Matutinas

---

6 Afirmaciones Vespertinas

---

9 Afirmaciones Nocturnas

Doy gracias por lo grande y lo pequeño, que todo suma.

Hoy...

Me siento:

____

____

____

Lograré:

____

____

____

Espero con entusiasmo:

____

____

____

Agradezco:

____

____

____

Quiero Manifestar:

¿Cómo puedo Visualizar esto?

Acciones Alineadas que Tomaré hoy:

3 Afirmaciones Matutinas

6 Afirmaciones Vespertinas

9 Afirmaciones Nocturnas

Me merezco una vida feliz y plena, y la tejo con mis propias manos.

Hoy...

Me siento:

____

____

____

Lograré:

____

____

____

Espero con entusiasmo:

____

____

____

Agradezco:

____

____

____

Quiero Manifestar:

____

¿Cómo puedo Visualizar esto?

____

____

____

____

Acciones Alineadas que Tomaré hoy:

____

____

____

____

____

3 Afirmaciones Matutinas

6 Afirmaciones Vespertinas

9 Afirmaciones Nocturnas

Mi brújula interna guía mis pasos al propósito que habita en mi alma.

Hoy...

Me siento:

____

____

____

Lograré:

____

____

____

Espero con entusiasmo:

____

____

____

Agradezco:

____

____

____

Quiero Manifestar:

¿Cómo puedo Visualizar esto?

Acciones Alineadas que Tomaré hoy:

3 Afirmaciones Matutinas

____

____

____

6 Afirmaciones Vespertinas

____

____

____

____

9 Afirmaciones Nocturnas

____

____

____

____

____

____

____

____

____

Aplaudo mis triunfos, grandes y pequeños, y reconozco el camino recorrido.

Hoy...

Me siento:

____

____

Lograré:

____

____

Espero con entusiasmo:

____

____

Agradezco:

____

____

Quiero Manifestar:

____

¿Cómo puedo Visualizar esto?

____

____

____

____

Acciones Alineadas que Tomaré hoy:

____

____

____

____

3 Afirmaciones Matutinas

6 Afirmaciones Vespertinas

9 Afirmaciones Nocturnas

Mi piel vibra con
la merecida
sensación de
bienestar.

Hoy...

Me siento:

____

____

____

Lograré:

____

____

____

Espero con entusiasmo:

____

____

____

Agradezco:

____

____

____

Quiero Manifestar:

¿Cómo puedo Visualizar esto?

Acciones Alineadas que Tomaré hoy:

3 Afirmaciones Matutinas

6 Afirmaciones Vespertinas

9 Afirmaciones Nocturnas

Abro las puertas a
rostros nuevos,
mi red de amigos
florece.

Hoy...

Me siento:

____

____

____

Lograré:

____

____

____

Espero con entusiasmo:

____

____

____

Agradezco:

____

____

____

Quiero Manifestar:

____

¿Cómo puedo Visualizar esto?

____

____

____

____

Acciones Alineadas que Tomaré hoy:

____

____

____

____

3 Afirmaciones Matutinas

---

6 Afirmaciones Vespertinas

---

9 Afirmaciones Nocturnas

Mi radar sintoniza la guía e inspiración del universo.

Hoy...

Me siento:

Lograré:

Espero con entusiasmo:

Agradezco:

Quiero Manifestar:

¿Cómo puedo Visualizar esto?

Acciones Alineadas que Tomaré hoy:

3 Afirmaciones Matutinas

6 Afirmaciones Vespertinas

9 Afirmaciones Nocturnas

Confío en mi
brújula interna,
mis ideas
inspiradas atraen
la abundancia.

Hoy...

Me siento:

____

____

____

Lograré:

____

____

____

Espero con entusiasmo:

____

____

____

Agradezco:

____

____

____

Quiero Manifestar:

¿Cómo puedo Visualizar esto?

Acciones Alineadas que Tomaré hoy:

3 Afirmaciones Matutinas

6 Afirmaciones Vespertinas

9 Afirmaciones Nocturnas

Mi mente es un lienzo abierto, el mundo me inspira a cada paso.

Hoy...

Me siento:

Lograré:

Espero con entusiasmo:

Agradezco:

Quiero Manifestar:

¿Cómo puedo Visualizar esto?

Acciones Alineadas que Tomaré hoy:

3 Afirmaciones Matutinas

6 Afirmaciones Vespertinas

9 Afirmaciones Nocturnas

Sigo el sabio canto de mi cuerpo, honrando sus melodías.

Hoy...

Me siento:

____

____

____

Lograré:

____

____

____

Espero con entusiasmo:

____

____

____

Agradezco:

____

____

Quiero Manifestar:

____

¿Cómo puedo Visualizar esto?

____

____

____

____

Acciones Alineadas que Tomaré hoy:

____

____

____

____

____

3 Afirmaciones Matutinas

---

6 Afirmaciones Vespertinas

---

9 Afirmaciones Nocturnas

Mi creatividad fluye, un río vibrante de inspiración, sin esfuerzo y sin fin.

# Hoy...

Me siento:

____

____

____

Lograré:

____

____

____

Espero con entusiasmo:

____

____

____

Agradezco:

____

____

____

Quiero Manifestar:

¿Cómo puedo Visualizar esto?

Acciones Alineadas que Tomaré hoy:

3 Afirmaciones Matutinas

---

6 Afirmaciones Vespertinas

---

9 Afirmaciones Nocturnas

Las oportunidades me rodean, dispuesta a sumergirme en ellas.

Hoy...

Me siento:

____

____

____

Lograré:

____

____

____

Espero con entusiasmo:

____

____

____

Agradezco:

____

____

____

Quiero Manifestar:

¿Cómo puedo Visualizar esto?

Acciones Alineadas que Tomaré hoy:

3 Afirmaciones Matutinas

6 Afirmaciones Vespertinas

9 Afirmaciones Nocturnas

Soy fuerte, capaz de sortear cualquier ola que la vida presente.

Hoy...

Me siento:

___

___

___

Lograré:

___

___

___

Espero con entusiasmo:

___

___

___

Agradezco:

___

___

___

Quiero Manifestar:

____

¿Cómo puedo Visualizar esto?

____

____

____

____

Acciones Alineadas que Tomaré hoy:

____

____

____

____

3 Afirmaciones Matutinas

---

6 Afirmaciones Vespertinas

---

9 Afirmaciones Nocturnas

En cada alma un destello, celebro la singularidad que me rodea.

Hoy...

Me siento:

___

___

___

Lograré:

___

___

___

Espero con entusiasmo:

___

___

___

Agradezco:

___

___

___

Quiero Manifestar:

____

¿Cómo puedo Visualizar esto?

____

____

____

____

Acciones Alineadas que Tomaré hoy:

____

____

____

____

3 Afirmaciones Matutinas

---

6 Afirmaciones Vespertinas

---

9 Afirmaciones Nocturnas

Mi dedicación y mi valor merecen abundancia y prosperidad.

Hoy...

Me siento:

Lograré:

Espero con entusiasmo:

Agradezco:

Quiero Manifestar:

____

¿Cómo puedo Visualizar esto?

____

____

____

____

Acciones Alineadas que Tomaré hoy:

____

____

____

____

____

3 Afirmaciones Matutinas

6 Afirmaciones Vespertinas

9 Afirmaciones Nocturnas

Mi mente sueña, mis manos conquistan.

Hoy...

Me siento:

Lograré:

Espero con entusiasmo:

Agradezco:

Quiero Manifestar:

______

¿Cómo puedo Visualizar esto?

______

______

______

______

Acciones Alineadas que Tomaré hoy:

______

______

______

______

3 Afirmaciones Matutinas

____

____

____

6 Afirmaciones Vespertinas

____

____

____

____

9 Afirmaciones Nocturnas

____

____

____

____

____

____

____

Mi alma rebosa de gracias por las pequeñas maravillas de la vida.

Hoy...

Me siento:

____

____

____

Lograré:

____

____

____

Espero con entusiasmo:

____

____

____

Agradezco:

____

____

____

Quiero Manifestar:

¿Cómo puedo Visualizar esto?

Acciones Alineadas que Tomaré hoy:

3 Afirmaciones Matutinas

---

6 Afirmaciones Vespertinas

---

9 Afirmaciones Nocturnas

Confío en el compás del universo, me guía al destino perfecto.

Hoy...

Me siento:

Lograré:

Espero con entusiasmo:

Agradezco:

Quiero Manifestar:

¿Cómo puedo Visualizar esto?

Acciones Alineadas que Tomaré hoy:

3 Afirmaciones Matutinas

6 Afirmaciones Vespertinas

9 Afirmaciones Nocturnas

Mi ser vibra con el don de mis talentos únicos.

Hoy...

Me siento:

____

____

____

Lograré:

____

____

____

Espero con entusiasmo:

____

____

____

Agradezco:

____

____

____

Quiero Manifestar:

____

¿Cómo puedo Visualizar esto?

____

____

____

____

Acciones Alineadas que Tomaré hoy:

____

____

____

____

3 Afirmaciones Matutinas

6 Afirmaciones Vespertinas

9 Afirmaciones Nocturnas

El universo teje vínculos para mi crecimiento y aprendizaje.

Hoy...

Me siento:

____

____

____

Lograré:

____

____

____

Espero con entusiasmo:

____

____

____

Agradezco:

____

____

____

Quiero Manifestar:

____

¿Cómo puedo Visualizar esto?

____

____

____

____

Acciones Alineadas que Tomaré hoy:

____

____

____

____

____

3 Afirmaciones Matutinas

6 Afirmaciones Vespertinas

9 Afirmaciones Nocturnas

Mi brújula interna guía, mi juicio me acompaña.

Hoy...

Me siento:

____

____

____

Lograré:

____

____

____

Espero con entusiasmo:

____

____

____

Agradezco:

____

____

____

Quiero Manifestar:

____

¿Cómo puedo Visualizar esto?

____

____

____

____

Acciones Alineadas que Tomaré hoy:

____

____

____

____

____

3 Afirmaciones Matutinas

---

6 Afirmaciones Vespertinas

---

9 Afirmaciones Nocturnas

Paciente confío en el universo, mi propósito florecerá a su tiempo.

Hoy...

Me siento:

____

____

____

Lograré:

____

____

____

Espero con entusiasmo:

____

____

____

Agradezco:

____

____

____

Quiero Manifestar:

____

¿Cómo puedo Visualizar esto?

____

____

____

____

Acciones Alineadas que Tomaré hoy:

____

____

____

____

3 Afirmaciones Matutinas

6 Afirmaciones Vespertinas

9 Afirmaciones Nocturnas

En gozo y gratitud habito, la prosperidad vibra en plenitud y paz interior.

Hoy...

Me siento:

Lograré:

Espero con entusiasmo:

Agradezco:

Quiero Manifestar:

¿Cómo puedo Visualizar esto?

Acciones Alineadas que Tomaré hoy:

3 Afirmaciones Matutinas

6 Afirmaciones Vespertinas

9 Afirmaciones Nocturnas

Tu Viaje de Manifestación con el 369

¡Lo lograste! Treinta y tres días de potente manifestación 369, un viaje que ha transformado tu energía, encendido tus deseos y susurrado promesas del universo. Detente, querido lector, y deléitate en este logro. Desblocaste una herramienta poderosa, un lenguaje secreto con el cosmos, y te probaste el poder de la fe inquebrantable.

Esto no es un final, sino un punto de inflexión magnífico. Te demostraste a ti mismo y al universo que eres una fuerza a tener en cuenta, un creador que puede moldear la realidad a tu voluntad. Las vibraciones que enviaste, la fe inquebrantable que sostuviste, resonaron en el cosmos. El universo te escuchó. Sintió el fuego de tu pasión, la certeza inquebrantable de tu visión.

Ahora, al salir de este crisol de 33 días, recuerda: el poder del Método 369 no reside solo en la práctica, sino en la fe inquebrantable que lo impulsa. Las semillas que plantaste están germinando, nutridas por tus incansables esfuerzos. Confía en el proceso. Sigue visualizando tus deseos con enfoque láser. Diles a la existencia con convicción inquebrantable. Actúa con inspiración, guiado por los susurros de tu intuición.

Y aquí algunos susurros para guiar tu camino continuo:

- Abraza el efecto dominó: tus 33 días han enviado ondas de energía potente al universo. Confía en que atraen tus deseos, aunque no se hayan materializado aún. Sé paciente, permite que el universo orchestre su magia.

- Mantén el fuego encendido: no dejes que las brasas de tu práctica 369 se apaguen. Sigue escribiendo tus deseos, visualizándolos vívidamente y agradeciendo su llegada. La constancia es clave para manifestar tus sueños.

- Difunde tu palabra: comparte tu experiencia 369 con otros. Inspíralos a descubrir su propio poder de manifestación. Al compartir tu historia, te conviertes en un faro, guiando a otros hacia sus propios sueños.

No olvides celebrar tus logros, grandes y pequeños. Cada deseo manifestado es un testimonio de tu poder. Y cuando surjan dudas, recuerda el viaje que has realizado, los susurros del universo que has escuchado y la magia que ya has desatado. Sigue manifestando, sigue creyendo y sigue brillando tu luz. El universo te espera.

¡Que cada sueño tome forma! Escuchar tu experiencia hace que todo valga la pena.

Escanea el código QR para dejar tu reseña sobre El Poder del Método 369

Preview
the new Book
by
Sarah Ripley

The
Angel
Numbers
Book

UNLOCKING THE MEANING
AND DIVINE MESSAGES OF
NUMBER SEQUENCES

SARAH RIPLEY

Introducción

Números Angelicales: Guía para entender los mensajes de tus ángeles

En un mundo que a menudo se siente caótico e incierto, muchos buscan guía y consuelo. Los números angelicales, secuencias repetidas de números que se cree son señales de ángeles o del universo, ofrecen una forma de conectarse con algo más grande que nosotros mismos y encontrar paz en medio de los desafíos de la vida.

¿Qué son los números angelicales?

Se cree que los números angelicales son una forma de comunicación divina, una manera en que los ángeles o guías espirituales nos alcanzan para ofrecer guía, apoyo o aliento. Pueden aparecer de diversas formas, como en relojes, matrículas, números de teléfono o incluso en sueños.

Si ves números angelicales con frecuencia, podría ser una señal de que seres celestiales intentan comunicarse contigo. Presta atención a tus pensamientos y sentimientos cuando ves estos números, ya que pueden darte pistas sobre el significado del mensaje. También puedes pedir a tus ángeles o guías espirituales que te ayuden a interpretar los mensajes que te envían.

~ 0 ~

Los susurros del Cosmos te rozan, llevados por el anillo sin fin de Omega, símbolo del potencial eterno. Acalla tu ser, pues en el silencio, seres celestiales te ofrecen guía y consuelo.

~ 1 ~

A Báñate en la luz radiante de tus guías espirituales. Tus pensamientos, como semillas en tierra fértil, brotan en realidad. Confía en el abrazo amoroso de tus ángeles, y libera tus miedos a la brisa cósmica.

~ 2 ~

El tapiz de tu vida se despliega con hilos de armonía celestial. Deja que la esperanza, llama parpadeante, encienda tu espíritu, pues los susurros de lo Divino avivan sus brasas.

~ 3 ~

La sabiduría ancestral, susurrada por ángeles que te acompañan, guía tu camino. Busca consuelo en la presencia de un guía espiritual familiar o en un susurro del Universo.

~ 4 ~

Siente el suave roce de alas angelicales, una promesa silenciosa de apoyo. Tus plegarias, como deseos susurrados, ascienden a las esferas celestiales, respondidas por el amor y la compasión de lo Divino.

~ 5 ~

Vientos de transformación, orquestados por la mano invisible del Cosmos, bailan a tu alrededor. Abraza el cambio, pues conduce a un amanecer más brillante. Invoca a los seres celestiales, y ellos iluminarán el camino que se avecina.

~ 6 ~

Afloja el puño de los deseos terrenales, pues tu valor no reside en posesiones fugaces, sino en el amor infinito del Universo. Confía en los alquimistas del cosmos, que transmutan la preocupación en bendiciones.

~ 7 ~

Tu camino se despliega en una senda de gracia, guiado por la mano invisible del destino. La magia del Universo abre puertas de oportunidad como secretos susurrados. Confía en tu intuición, pues es tu brújula celestial.

~ 8 ~

La abundancia fluye del manantial infinito del Cosmos, su fuente las vueltas sin fin del ocho. Que esto simbolice un flujo ilimitado de bendiciones, alineadas con tu propósito de vida. Abre tu corazón y deja que la dádiva celestial te nutra.

~ 9 ~

La trompeta celestial llama. Las semillas de tu propósito han madurado, y la cosecha de la acción te espera. Da el más mínimo paso, guiado por el apoyo inquebrantable de tus compañeros celestiales.

~ 10 ~

Mantén la fe, pues tus pensamientos son hilos tejidos en el tapiz de tu destino. Deja que la sinfonía celestial del optimismo resuene en ti, pues es tu luz guía hacia un futuro bañado en el dorado del Universo.

~ 11 ~

Tu mente crea con celeridad, Amada. Enfócate en lo bueno dentro de ti, de los demás y de esta situación, pues la positividad es el pincel que pinta tu realidad. Mantén el optimismo,

~ 12 ~

El futuro resuena con los susurros de tus pensamientos. Mantén la fe y la esperanza firmes, pues son los hilos que tejen tu destino. Confía en los susurros de lo Divino, guiándote hacia un futuro radiante.

~ 13 ~

Sabiduría ancestral te acompaña. Guías espirituales iluminan tu senda. Abraza su luz, y que su energía positiva eleve tu espíritu.

~ 14 ~

Apóyate en las alas de los ángeles, hijo/a de las estrellas. Ofrecen un apoyo incondicional, haciendo que tu optimismo brille como un faro en la oscuridad. Confía en su abrazo celestial y deja que tu espíritu se eleve.

~ 15 ~

El cambio baila a tu alrededor, un remolino de posibilidades.
Mantén la positividad, pues tus pensamientos optimistas
son las semillas de la manifestación. Abraza la
transformación y observa cómo florece en tu mayor bien.

~ 16 ~

Tus palabras, como deseos susurrados, acarician el poder de
la creación. Ten atención, Amado/a, pues son los imanes que
atraen tus anhelos a la realidad. Habla con gentileza, piensa
con optimismo y observa cómo el Universo se armoniza con
el canto de tu corazón.

~ 17 ~

¡El coro celestial aplaude tu inquebrantable optimismo! Tus
pensamientos positivos, como oraciones susurradas, pintan
tu realidad con matices vibrantes. Mantén la fe, pues tu
camino brilla con intensidad.

~ 18 ~

¡Tus pensamientos regulan el río de la abundancia! Mantén
la positividad y observa cómo los recursos fluyen hacia ti sin
esfuerzo. Libera la preocupación y confía en el apoyo
incondicional de los ángeles. Te guían hacia la prosperidad,
mano a mano.

~ 19 ~

¡Cree en ti misma, pues el Universo murmura tu propósito
de vida! Los ángeles te lo aseguran: estás listo/a, equipado/a
y merecedora. Deja que el optimismo sea tu brújula y actúa
con fe inquebrantable. Recuerda, eres una estrella, destinada
a brillar.

Acerca del Autora

Sarah Ripley: Coach certificada, mentora y autora de libros y diarios sobre relaciones, autoayuda, espiritualidad y sanación natural. También es sanadora de Chakras, naturópata y maestra herbolaria.

Su pasión es ayudar a otros a vivir su mejor vida. Cree que todos tenemos el poder de sanarnos y crear la vida que deseamos. Su trabajo se enfoca en conectar a las personas con su sabiduría e intuición, y en desarrollar las herramientas y habilidades para vivir alineados con sus valores y propósito.

Sarah ha viajado por Asia, Sudamérica y Europa estudiando diferentes culturas y creencias espirituales. Amante de la naturaleza, ha realizado extensas caminatas en los Himalayas, Rockies y Andes. Defensora apasionada de la vida natural, disfruta cocinando de forma completamente natural. Pasa su tiempo libre relajándose con su familia y gatos.

Casada durante 28 años, tiene 2 hijos adultos. Actualmente vive en el Sudeste Asiático con su esposo y 4 gatos callejeros adoptados, donde continúa escribiendo, enseñando y asesorando a otros. También está trabajando en un nuevo libro sobre sus experiencias con la sanación natural y la espiritualidad.